꿈 다시 꾸어봐도 될까

전경자 제3시집

시사랑음악사랑

시인의 말

"꿈 다시 꾸어봐도 될까"를 출간하며 여러분들의 따뜻한 마음 읽기와 마음 챙김으로 위로가 되었으면 좋겠습니다.

꿈 많았던 소녀는 딸로, 아내로, 엄마로 또 할머니로 살아가면서 하고 싶었던 공부를 형편상 다 하지 못한 설움과 아쉬움에 오랜 세월이 흘러도 포기하지 못해 다시 배움에 도전했습니다.

그 결과 지금은 늦깎이로 대학교 입학까지 하여 어엿한 대학생으로 열심히 공부하고 있습니다.

처음에는 막연한 꿈을 꾸고, 목표가 무엇인지도 잘 모르면서 무엇인가 해야 한다는 생각이 나를 초조하게 했지만, 시인으로 등단하여 글을 쓰면서 삶의 목표와 방향이 보이기 시작했습니다.

노력의 시간은 나를 배신하지 않고 행복의 길로 인도했습니다. 제1 시집 "꿈꾸는 DNA", 제2 시집 "황혼에 키우는 꿈"을 출간하고 이번에 제3 시집 "꿈 다시 꾸어봐도 될까"를 한국예술인복지재단의 지원으로 기쁘게 출간하게 되었습니다.

특별하지 않은 아낙네가 삶을 살아가면서 하나하나 곳간을 채워가듯 삶의 희로애락이 담긴 한 편 한 편의 시를 정성으로 지었습니다. 힘든 상황 속에서도 쓰러지지 않고, 오뚝이처럼 살아낸 나의 삶을 귀하게 여기면서 사랑하는 독자 여러분과 함께 이 기쁨을 함께하고 싶습니다.

제3시집 "꿈 다시 꾸어봐도 될까"를 통해서 누군가에게 용기가 되고 꿈이 되고 희망이 되길 바랍니다.

시인 전경자

QR코드 스마트폰으로 QR 코드를 스캔하면
시낭송을 감상할 수 있습니다

제목 : 승리의 깃발
시낭송 : 박영애

제목 : 소박한 봄비
시낭송 : 박영애

제목 : 깊은 샘솟는 사랑
시낭송 : 박영애

제목 : 소등해버린 밤
시낭송 : 박영애

제목 : 동행
시낭송 : 박영애

제목 : 설빔의 추억
시낭송 : 박영애

제목 : 사모곡 (이하 여백)
시낭송 : 박영애

제목 : 너와 나
시낭송 : 박영애

제목 : 치유의 손짓
시낭송 : 박영애

제목 : 새바람
시낭송 : 박영애

제목 : 초원의 사랑
시낭송 : 박영애

제목 : 겨울 준비
시낭송 : 박영애

제목 : 엄마의 유물
시낭송 : 박영애

제목 : 흰 구름 한 조각
시낭송 : 박영애

제목 : 외할머니의 향기
시낭송 : 박영애

제목 : 여름
시낭송 : 박영애

 제목 : 바람
시낭송 : 박영애

 제목 : 그것만이 내 세상
시낭송 : 박영애

 제목 : 연탄 한 장
시낭송 : 박영애

 제목 : 산다는 건
시낭송 : 박영애

 본문 시낭송 모음 1

 본문 시낭송 모음 2

 전경자 시집
꿈꾸는 DNA 시낭송 모음

 전경자 시인
꿈꾸는 DNA 시집
시낭송 모음 2

 전경자 시인
꿈꾸는 DNA 시집
시낭송 모음 3

 전경자 시인
꿈꾸는 DNA 시집
시낭송 모음 4

 전경자 시인 작품
시낭송 모음 5

 전경자 시인
황혼에 키우는 꿈
본문 시낭송

영상은 YouTube 정책 또는 운영 관리에 따라 삭제될 수도 있습니다.

시인은 자연을 이야기하고 시낭송가는 자연을 품었다
글자는 날개를 달아 언어로 날고 소리는 자연에 눕는다

* 목차

승리의 깃발 10
승리의 달빛 소나타 11
그리운 사람 12
소박한 봄비 13
마음 읽기 14
깊은 샘솟는 사랑 15
바보 당신 16
황혼에 키우는 꿈 18
추억은 아름다워 19
소등해버린 밤 20
삶의 기회 21
사월의 길모퉁이 22
동행 24
외할머니의 여름방학 25
하얀 꽃비가 되고 싶다 26
이불 한 채 요 한 채 27
소녀와 소낙비 28
설빔의 추억 29
그대 내게 오소서 30
사모곡 (이하 여백) 31
안녕하지 못한 하루 32
세상의 모든 경우의 수 34
너와 나 36
치유의 손짓 37
호미와 봄날 38
사랑의 우체통 39
황학동의 빈자리 40
만추의 사랑 42

명절 풍경	43
새바람	44
초원의 사랑	45
뚝섬에 살포시 몽우가 내린다	46
먼 훗날	48
하얀 조가비	49
하얀 면사포	50
겨울 준비	51
사월의 봄	52
엄마의 유물	53
삼청공원	54
시간	55
변해가는 사계절	56
흰 구름 한 조각	57
두물머리	58
신이 내린 그림	59
아버지	60
나의 살던 고향은 청계천	62
삶의 기도	64
그리움	65
하얀 억새꽃	66
겨울에 핀 하얀 벚꽃	67
음악다방	68
얼음지치기	69
꽁보리 비빔밥	70
사랑의 영수증	71
삶의 온도	72
안부	73

* 목차

이 또한 지나가리라 74
바람 쐬는 길 75
면접고사 76
그 사람 77
가을 산은 78
외할머니의 향기 79
시래기죽 80
우리가 남이가 81
여름 82
바람 83
구곡폭포 84
가을 사랑 85
소풍 길 86
커피 없이 못 살 것 같다 87
마술에 걸린 날 88
찔레꽃이 피었습니다 89
그것만이 내 세상 90
눈이 내리는 언덕길 91
연탄 한 장 92
정겨운 이웃 93
잊어야 할 첫사랑 94
만남의 첫인상 95
산골 소녀의 겨울 96
가을이 익는 냄새 98
길어진 그림자 하나 99
첫사랑 100
경춘선 열차 101
아버지와 참새 102

하얀 솜이불·······················104
첫사랑 나를 웃게 만든다··········105
시시콜콜한 이야기················106
어머니····························107
세월·······························108
편지·······························109
살포시 물 위에 어른다············110
곰삭은 삶의 여백··················111
산다는 건·························112
날개를 달고 날아봐···············113
사랑의 열매·······················114
똑. 똑똑···························115
술잔에 별빛이 내린다·············116
바닷가에서·······················117
새로운 선택·······················118
못 하나 뽑는 일···················119
철학에 노크한다··················120
가시버시·························121
소박했던 나의 꿈··················122
상처를 어른다····················123
웃음 한 스푼······················124
수인선 열차······················125
시간을 마중하는 하얀 목련·······126
사랑은 연극으로 막을 내린다·····127

승리의 깃발

정결한 마음 한 조각
인생 황혼의 시간을 바꾸어 놓으니
시 한 편이 탄생한다

엄마인 나는 학생으로
딸내미는 학부모로 신분이 바뀌어
보호자가 되어 서류에 사인하고
나를 돌보고 있다

대학교 입학을 준비하면서
미지의 세계로 옮기는 발걸음
참 행복하다

드디어 기다리고 기다리던 입학식 날
보호자가 된 딸내미가
눈과 코끝을 자극하는
프리지어 꽃다발 한 아름 안고
함박웃음 지으며 축하하러 왔다

참! 세상을 바꾸어 살아도 살만하다.

제목 : 승리의 깃발
시낭송 : 박영애
스마트폰으로 QR 코드를 스캔하면
시낭송을 감상할 수 있습니다

승리의 달빛 소나타

아직 늦지 않은 나이
새로이 바람 타고 날아온
하얀 깃털이 품은 승리의 달빛 소나타

강렬한 일상의 너털웃음 속에
폭설이 내려앉은 노란복수초 꽃
삶의 의미를 부여하고 내딛는 발길 끝에서
계절을 바꾸어 피어난다

리듬에 후회 없는 미래의 무중력 속에
숨이 가쁜 아지랑이 햇살을 당기면
결이 다른 시련이 와도 사랑은 꽃이 핀다

아직 오지 않은 내일을 준비하는
까만 밤은 작은 시작일 뿐
아름다운 시처럼 인생을 그리라 한다

작은 꽃 무리가 반짝반짝
꿈을 향해 가는 현실에 소담스럽게 피었다.

그리운 사람

기억 저편 뒤안길에 그늘진 침묵의 희생
시선을 피해 가면서 실패한 인생이라고
외로운 산 중턱에 걸터앉아 터진 눈물이 앞을 가렸다
스쳐 가던 바람이 투정을 받아줘 울음을 멈췄다

산새들 노랫소리에 봄인가 싶더니
어느 사이 등 뒤에서 가을바람을 데려와 또 밀어낸다

나의 버림받은 기억과 추억이 파노라마처럼 뇌리를 스치고
지나간 아픈 조각에 앞만 보고 달려도
미워하지 않았던 그때의 굴곡진 삶

어릴 적 어머니의 따뜻한 품을 가질 수 없는 삶에
이제는 사랑으로 채워도 채워도 채워지지 않는
정을 남기고 매정하게 떠난 어머니

어머니의 품에 안길 수 없는 허전함에 그리움을 갈구하며
마주 앉지 못해도 사랑하는 기쁨으로
지구별에 남아 여행을 계속하면서
오늘도 이렇게 이유 있는 항변을 한다.

소박한 봄비

예쁜 꿈을 꾸는 소박한 촌집 마당에
녹슬지 않는 시간
초록 머리 위로 꽃비가 내린다

흐르는 물줄기 속에 버티고 서 있는 제비꽃
허물어져 가는 일자집 담장 넘어
흐드러지게 핀 개나리꽃
손에 닿을듯한 파란 하늘과
묵은 짐을 벗어 던진 목련꽃
빛을 잃은 하늘 먹구름이
소나기 되어 내린다

후두두 달려드는 빗소리에 귀를 쫑긋
알 수 없는 미묘한 감정들이
미스터리한 늙지 않는 세상에
나는야 백발이 되어 버렸다.

제목 : 소박한 봄비
시낭송 : 박영애
스마트폰으로 QR 코드를 스캔하면
시낭송을 감상할 수 있습니다

마음 읽기

봄처럼 화사한 보이지 않는 마음 챙김
내용만을 챙기며 무심하고
형식을 챙기면 서운한 마음

소중한 연으로 자리매김하고
소리 소문 없이 마중하는 달맞이꽃
메마른 강변 달빛에 그리움이 깔리고

어제도 오늘도 그리움이 쌓인 날
외로우니까 묻지 말라 한줄기 빗방울
외로운 이를 만나거든 살아가는 동안
마음 깊은 곳에 숨겨왔던 짝사랑

지나간 한 장면 한 장면이 쌓여 가는 슬픈 병
바람 부는 언덕에 설움을 토해내며
가슴을 후려치는 낯선 우리가 되었다

헤어져야만 했던 그 기억 속에서
사라지지 않는 고통은 이길 수가 없다고 해도
내버려둬 보잘것없는 초라한 자존심을
흔들어 깨우지 말자.

깊은 샘솟는 사랑

두근두근 짝사랑은
손가락을 걸지도 못하고
숨겨왔던 짝사랑
감추고 있었던 짝사랑은 이렇게 아픈지

한숨 속에 멍드는 사랑은
마음이 시키는 대로
깊은 곳에서 샘솟는다

생각할 여유도 없이
멀어져 간 운명이 너덜너덜해
시간은 그렇게 흐르고

버리지 못한 통곡이
너는 별에서 나는 달에서
블랙홀로 빛을 타고 흐른다.

제목 : 깊은 샘솟는 사랑
시낭송 : 박영애
스마트폰으로 QR 코드를 스캔하면
시낭송을 감상할 수 있습니다

바보 당신

당시의 흔적을 찾을 수 없는
바람의 기억
텅 빈 가슴에 오월이 오면
노란 코스모스가 날 울린다

바보 당신이 생각 나는 오월은
늘 서늘한 바람이 분다

노란 코스모스가 잔치 중인 들판에
널브러진 당신의 흔적
문득문득 생각나고 보고 싶은 얼굴

바보 같은 당신 앞에서
왜 이리도 아프고 쓰린지

당신의 인문학에 두근두근 노크했던 시간
당신의 철학에 귀 기울이던 지난날
여미어진 가슴을 도려내는 당신은
그 자리에서 마냥 미소를 짓고 있다

어느 사이 열여섯 번째 생일날
당신은 노란 코스모스로 피었다

당신이 못다 한
한 시대의 그 어려운 인문 철학에 노크했던 날
하늘만큼 땅만큼 눈물로 사랑을 했다

철없던 시절
부질없는 사랑 팔랑거리는 마음이 나를 지키고
사랑에 목말라했던 침묵의 길 뒤돌아서는 모퉁이
붉은 노을이 삼킨다.

황혼에 키우는 꿈

마음의 깊이는 얼마나 될까?
생각의 깊이는 또 얼마나 될까?
사랑을 향해 가는 그 마음은 어디까지가 끝일까?

채워지지 않는 허전함에
간절한 꿈과 희망을 더하기하고
때로는 사랑을 더하고 빼면서
점점 커지는 꿈을 향해 몸부림치는 나는
언제쯤이면 만족할 수 있을까?

하면 할수록 갈급함이 느껴지기도 하지만
그런 부족한 나여도 괜찮아
오늘보다 내일에 나를 위해
말라가는 나무에 물을 주고
꽃 피기를 염원할 뿐이다.

제목 : 황혼에 키우는 꿈
시낭송 : 박영애
스마트폰으로 QR 코드를 스캔하면
시낭송을 감상할 수 있습니다

추억은 아름다워

보슬비가 오면 조용히 추억을 소환합니다
나도 모르게 입가에 미소가 번지던
그 느낌으로 그대를 만날 때가 행복했습니다

말하지 않아도 느껴지는 온기가
찻잔에 흐르는 시간까지 마시면서
멋진 모습을 그곳에 예쁘게 남겨 두었습니다

해님 사랑을 듬뿍 받으며 초록이 자리 잡은 산하는
헤어지는 게 아쉬워서 빨개진 눈빛을 외면하고
오늘 하루가 사라지려 합니다

그리움을 가득 안고 있는 이 시간
조금 더 머무르고 싶었는데
바람이 불어와 그대와 나의 흔적을 지우고 있습니다

오늘이 가면 기다린 내일이 오고
그리움을 품어내는 첫사랑 이야기가
일상처럼 동쪽에서 떠오릅니다.

소등해버린 밤

싸리문 담장 너머 가마솥 불덩이 비명을 지르고
내일은 없을 것 같은 날들
하얀 머리 풀어 헤치고 먼지처럼 사라진다

슬레이트 지붕골 따라 꽁꽁 언 고드름
종일토록 바람에 시달리고
하루해를 곱다시는 기나긴 하루

우윳빛 속살에 꽃피웠던 사랑
하늘을 날던 물 찬 제비볕을 쪼아대는 까만 밤
일찌감치 소등해버린 호롱불의 정지된 시간

활활 불덩이로
웃고 있는 가면 속의 영혼
두 팔 벌리고 파랗게 웃고 있다.

제목 : 소등해버린 밤
시낭송 : 박영애
스마트폰으로 QR 코드를 스캔하면
시낭송을 감상할 수 있습니다

삶의 기회

산업혁명 시대를 지나
순서를 바꾸어 살아낸 삶

잠자던 마음에 늘 꿈꾸던 한 조각 행운과
믿음의 법칙에 가능성의 콘텐츠로
호기심을 부르는 내면의 세계 경험을 바탕으로
마지막까지 기회를 잡아보려 합니다

눈과 귀를 쫑긋 세우는 소중한 시간
인사를 건네는 그윽한 눈빛
행복을 한 아름 안고 햇살을 받으며 빛나는
나의 70개의 세포로 이루어진 꿈을 꾸어 보려 합니다

사랑도 웃음도 넘치는 자신감이 불쑥 일궈낸 오늘
가슴을 찢어지게 했던 지난날 삶을 되새기며
훨훨 날아 오갈 수 없는 신세 순서를 바꿔 놓으니
따듯한 내일이 옵니다

눈물로 적신 조각돌
희망을 잃지 않고 이뤄낸 삶의 기회
순서를 바꾸어 놓으니
꽃이 피고 열매 맺는 황혼의 밤
잠재의식을 깨워
함박웃음 속에 승리의 깃발을 세우려 합니다.

사월의 길모퉁이

깜깜한 밤하늘에
초승달도 잠들어 가는 사월의 길모퉁이
오늘 밤은 별을 세어볼까

무지개다리 건너 샛별이 되어버린
나의 어머니
어머니가 남기신 보석들은
각기 다른 곳에서 빛이 난다

마지막 잎새에 속삭이는 입김이
부끄러운 나를 발견한다

창밖에 등불이 되어주던 어머니!
컴컴한 밤하늘에 별빛이 되어 내린다

나에게 숙제를 남기시고 떠나신
어머니의 따스한 눈빛
고급스럽게 비춘 사랑이
그동안 서툰 삶을 잘 버텨 주었다
조금만 이해하고 배려를 했더라면
아파하지 않았을 텐데

사랑에 목말라했던 일곱 색깔 무지개가
퇴색되어도 빛을 내고 있겠지!
여기 어딘가에 멈추어선 발길은 뻔뻔한 소속감
반짝이는 별님도 불어오는 바람도
거기서 거기가 아닐까

별빛에 피어나던 달맞이꽃
수줍게 웃고 있는 거리마다 비춘 삶이
낯설어지는 건 왜일까
어머니가 계시지 않아도
똑같은 세상 이야기는 쓸쓸하고 외롭다.

동행

숱한 풍파에 삐걱삐걱 바투 잡은 고통
무엇을 이루려고 손을 불끈 쥐고
달음박질했을까

그 섬긴 마음이 그림자 되어 나를 울린다
루피의 추억
동행하자고 했던 침묵의 지난날들

하얀 눈보라 속에서
잊어버린 너의 발자국에
얼음꽃이 피었다

너를 사랑했던 날들 진짜 사랑이었나 보다
가고 없는 귓전에 사각사각
소리가 들려 발걸음이 멈춘다.

제목 : 동행
시낭송 : 박영애
스마트폰으로 QR 코드를 스캔하면
시낭송을 감상할 수 있습니다

외할머니의 여름방학

실고추처럼 가는 초승달 아래
별들이 졸린 눈을 비비는
밤하늘

정다운 외할머니의 옛이야기 보따리는
엄마 어릴 적 이야기로
밤하늘을 수놓는다

달그락달그락
할머니의 입김 돌담 틈새를
비집고 들어온 솔바람

머리카락 사이로
할머니의 거친 손이 토닥토닥
북극성을 재우고

어둠을 돌돌 말아
새우잠을 청하는 이 밤에
배고픈 초승달도 함께 잠들어 간다.

제목 : 외할머니의 여름방학
시낭송 : 박영애
스마트폰으로 QR 코드를 스캔하면
시낭송을 감상할 수 있습니다

하얀 꽃비가 되고 싶다

꽃밭에 내리는 꽃비가 되고 싶다
시냇가에 뛰어다니는 빗방울이 되고 싶다
그대 창가에 앉아서 머물고 싶은 이슬비 되고 싶다

울타리 너머 하얀 비이슬 사이로 삐죽거리는 봄이고 싶다
들녘을 버선발로 봄맞이하는 벚꽃 꽃잎 날리는 봄
하얀 목련 개나리 진달래꽃이 되고 싶다

봄을 부르는 꽃밭에 날아온 하얀 나비가 되고 싶다
라일락꽃 향기가 콧등을 간질이고 와글와글 웃고 싶다
꽃밭에 날아온 노랑나비 빙빙 돌더니
나를 버리고 날아가 버린다

생명을 끌어올리는 바람이고 싶다
순수하게 핀 하얀 백합화 나도 꽃이었으면 좋겠다
가장 멋스러운 지금이 좋다

매일매일 피어 주는 이의
곱진 사랑의 주인공이었으면 좋겠다
신호탄을 쏘아 올리는 봄날 아지랑이의 위험한 질주
강물 위를 낙화하는 벚꽃잎이었으면 좋겠다.

이불 한 채 요 한 채

가난한 청춘이 날개를 펴고 산으로 산책하러 간다
하얀 겨울 눈꽃 송이 되어 내딛는 하얀 숫눈길
소나무에 덮은 하얀 이불 한 채 요 한 채

솔가지에 길게 누운 하얀 눈 장독대 위에도 빨랫줄 위에도
차곡차곡 소복하게 채워놓은 숫눈
밤사이에 아무도 모르게 흰 눈으로 집을 지어주고 간다

하얀 눈 위에 소리 없이 다녀간 고양이 발자국
지나간 시간은 가늠할 수 없을지라도
말없이 걷는 뽀드득 소리를 귓속에 담는다.

소녀와 소낙비

비를 좋아했던 날
추억에 젖어 비를 맞고 거닐던 그 골목길
우산을 손에 들고 옷깃을 적시던 소녀
빗속으로 걸어가는 뒷모습
빗물에 담그고 있는 그녀를 보았다

소낙비가 내려 흙탕물이 되어 흐르다가 냇물이 되어
노란색 미니스커트를 적시던 소낙비
그 빗속을 행복하게 거닐었지

백발이 되어도 비를 맞으며 걷고 있다
장맛비에 잠시나마 걷던 걸음 멈추어 볼라치면
비에 젖은 잊힌 첫사랑
기억이 나질 않는다

냇물이 되어 흐르는 장대비로 반쯤 가려진 어깨를
가방끈에 지어 주고 소낙비에 온몸을 맡긴다
그때처럼 흐르는 물속으로 어떤 그리움을 찾아
송사리 떼처럼 거슬러 올라가는 그녀

신발이 물에 담긴 채 걷는 길
아무도 없는 골목길을 한 바퀴 돌고 돌아도
끝내고 싶진 않아 걷는 이 빗속에서
그리워하는 그녀의 뒷모습을 빗방울에서 보았다.

제목 : 소녀와 소낙비
시낭송 : 박영애
스마트폰으로 QR 코드를 스캔하면
시낭송을 감상할 수 있습니다

설빔의 추억

어린 시절의 명절 풍경이
빛바랜 한 장의 사진처럼
흐린 기억 속에서 되살아난다

명절이 되면 어머니는
늘 새 옷을 사 주셨고
반들반들하도록 콧물을 닦던
어린 시절의 옷소매가 그립다

설빔은 금세 무릎이 툭 튀어나왔고
유난히 키가 커서 슬펐던 아이는
짧아진 옷에 울보가 되었지만
친구들은 그런 나를 부러워했다

이제 설빔은
추억 속으로 시간 여행을 떠나고
모든 것들이 넘쳐나는 시대를 사는 나는
그날을 회상하며 웃는다.

제목 : 설빔의 추억
시낭송 : 박영애
스마트폰으로 QR 코드를 스캔하면
시낭송을 감상할 수 있습니다

그대 내게 오소서

어디선가 날아온 호랑나비 한 마리
날아가는 널 따라 널 무작정 따라갔어
오지 않는 너 기다리다가 애가 타

하루해를 곱다시는 나리꽃 피는 길목으로
그대 날아오소서

인생 수레바퀴 허허로운 텃밭을 일구는 계절의 손길
풀 파도 타라 흐르는 땀방울 미소로 어르는
여름의 열기 속으로 그대 오소서

향기를 머금고 피어난
비밀정원에 숨어들어 차 한잔 베어 물고
파란 바람을 맞으며 걷던 바람길
하얀 밤에 그대 오소서

어서 오라 손짓하는 담쟁이 붉은 옷 갈아입는 창가에
바람 세차게 불어와도 은은하게 퍼지는 커피 향
너털웃음 속으로 그대 오소서.

사모곡 (이하 여백)

어머님 당신은 이름 석 자 뒤에
이하 여백이라는 마지막 마침표를
남겨 놓고 내 곁을 떠나셨습니다

복잡한 내면의 상처 여백을 채우지 못한 채
당신이 없는 빈자리에
하얀 카네이션을 바칩니다

보이지 않는 당신의 속삭임
귓전에 맴도는 어머니의 체취를 찾아
마지막 인사를 고합니다

어머니 이 세상에 태어나게 해줘서 고맙습니다
어머니 당신을 사랑했습니다
어머니 감사합니다.

제목 : 사모곡 (이하 여백)
시낭송 : 박영애
스마트폰으로 QR 코드를 스캔하면
시낭송을 감상할 수 있습니다

안녕하지 못한 하루

어지러운 오늘의 일상으로 나를 누가 초대하는가
이 시대 우리는 퀴리 부인이 되어야 할까
관심도 가치가 있어야 관심을 두지
울창한 푸른 잎에 부는 천 개의 썩을 바람의 입김
질문 앞에 운명이 너덜너덜

누구는 아프고 누구는 슬프고
관심도 없는 애꿎은 세상
가치와 가치가 그냥 넘어갈 수 없는 풀어야 할 과제
천 개의 얼굴로 천 개의 바람으로
세상을 호령하던 각양각색의 그릇에
누군가는 사랑을 담고 누군가는 욕망을 담고

만족할 줄 모르는 마음이
광화문 안국동 공유 나대지가 되어
서로의 행복을 담자고 하지만
너와 나 우리는 무엇을 담을까
남을 위하는 것이 아니라 곧 나 자신을 구하는 것인가
나만 있고 너는 없으니 어이할꼬

동방에 해가 뜨는 나라
경제 대국 밑거름 찾기 힘든 작은 땅
백성을 둘로, 셋으로 갈라치는 위정자들의 감언이설
정치적 사상적 판결하는 법치주의 세상을 끌어 나갈 때
나를 바라는 것은 헛된 꿈일까 허황한 꿈일까

무거운 살의 무게만 늘어나는 인생사
아무도 몰라 오뚜기 같은 인생
더불어 같이 살자는 맹세는 어디 갔니
빈약한 우정이었니
영원한 숙제를 풀어야 하는 우리는
퀴리 부인이 되어야 할까 말까 고민이 많다
꽃 한 송이 남겨두고 봄이 떠난 자리 여름이 허우적댄다.

세상의 모든 경우의 수

불확실성 속에서 거부할 수조차 없는 삶에
충실하여지기로 했다

끄적끄적하다 보니
시인이라는 이름이 작가라는 호칭이
나를 끌어안고 흐르는 시간
재능 기부를 위해 준비하면서
신안산대학교 입학을 하기로 했다

못다 한 공부 포기한 것도 아니요
시작해 본 적도 없는데
두근두근 심장이 터질 것 같은 순간
최고의 호사를 누릴 기회를 잡아보려 한다

졸업 후 보육교사가 된 나를 상상하면서
날개를 펼치는 공작새
감정이 메마른 사회 속에서 두 눈이 반짝반짝 빛나는
이 시대의 제왕 아이들에게
어디서 무엇을 어떻게 전달해야 할지

두근거리는 마음을 진정시키며
입학식 하기까지의 굴곡진 삶
배고픈 허기보다 배움에 대한 허기진 삶이
나를 더 슬프게 했다

배우고자 하는 마음 너무나도 간절한 기도 속에
빛나는 칠십 개의 촛불 봄날 시간과 함께
못다 한 꿈은 날개를 펴기 시작했다

초등학교 중학교 검정고시를 보고
고등학교 성인반 졸업 후 신안산대학교에
입학하는 날 뒤바뀐 보호자 딸내미가
꽃보다 더 활짝 웃는다.

너와 나

시간밖에 삶이 나를 버리라 하면 할수록
갈급함이 더 하다
살아 숨 쉬는 잡초 같은 인생

허기진 그림자 정신 줄 가다듬고
이해하고 배려를 했더라면
아파하지 않았을 텐데

백발을 휘날리며 다가오는
숫자의 지옥에 갇힌 사랑을
흘려보낸 21세기 보듬어 안은
사랑인 것을.

제목 : 너와 나
시낭송 : 박영애
스마트폰으로 QR 코드를 스캔하면
시낭송을 감상할 수 있습니다

치유의 손짓

노란 저고리 분홍 치맛자락 휘날리며
손짓하는 치유의 손짓
이렇게 멋진 날에
너를 만나 하던 일을 잠시 잠깐 내려놓고
목젖이 보이도록 웃어보았다

틈새를 비집고 들어온
솔바람 타고 달려온 봄꽃들의 여정
친구들과의 우정도 웃음도 사랑도 넘치는 오늘
일곱 빛깔 무지개 되어
그 느낌 그대로 꽃으로 활짝 피었다

세상을 호령하던 종이호랑이 갈 곳을 잃어버린 시간
어느 눈물은 지울 게 너무 많아서 아픈 손가락
어느 눈물은 숨이 막힐 듯한
두려움과 고통이 너무 많아서 아픈 손가락

나의 기억에서 떠나버린 소중한 시간
못다 한 사랑은 곱진 메시지 날마다 증명해야만 하는
삶을 뒤로하고 밝아오는 아침을 맞이한다.

제목 : 치유의 손짓
시낭송 : 박영애
스마트폰으로 QR 코드를 스캔하면
시낭송을 감상할 수 있습니다

호미와 봄날

봄을 부르는 바람길 콧노래를 부르면서
시장으로 발걸음을 옮긴다
화사하게 봄을 피워낸 봄꽃과
채소를 고르는 손길에 이동하는 봄소식

들녘을 덜컹거리며 다가오는 봄
목마른 들판에 봄비를 기다리는 날
다소곳한 화분에도 들판에도 촉촉하게 내리는 빗방울

박태기나무가 소중한 존재를 알리는 봄
우아한 개나리 진달래 제비꽃 솜털에도
유체 꽃밭에도 사뿐히 내려앉은 꽃비가 내린다

상추 한 포기 두 포기 비 오는 날 큰집으로 이사를 시킨다
주렁주렁 열리는 오이 가지 붉은 고추 방울토마토가 열리는
정성으로 키워낸 식물 식구가 많은 행복을 안겨준다.

사랑의 우체통

허전한 마음 깊은 곳에
빨간 우체통 하나
간절하게 그대의 소식을 기다리고 있는
빛바랜 빨간 우체통

말없이 오늘도 어제처럼
비가 오나 눈이 오나
곱게 접은 사연을 기다린다

분홍 봄날엔 꽃이 피는 길가에서
비지땀 흘리는 여름엔
초록 풀 파도 속에 가득 담은 그대는
이 거리에서 멈추었다

코스모스가 누군가를 설레게 하고
고추잠자리 춤추는 가을날에
사랑하자던 그대는
지금 어디로 가야 만날 수 있을까?

제목 : 사랑의 우체통
시낭송 : 박영애
스마트폰으로 QR 코드를 스캔하면
시낭송을 감상할 수 있습니다

황학동의 빈자리

가난한 청계천 루핑집 석유 등잔불 아래
내가 흘린 복개천의 눈물

누가 어디서 어떻게 왜 무엇을
어떻게 바꾸어 놓았나
내가 흘린 땀방울
꿈을 키우는 송사리 떼처럼 살아낸 삶

분주한 창밖에 봄꽃이 활짝 피어도
배고파서 아무것도 관심 없는데
진달래 개나리 피고 지고 붉게 물들인 밤이면
밤벌레 울음소리는 처량하게 들리곤 한다

여명이 밝아 와야 울음소리를 멈출 텐데
어서 빨리 잠들어야지
어머니의 모성 본능 강인함과 숭고한 정신
거친 손이 토닥토닥 마술을 부린다

삶이 나를 속일 때
봄도 없는 허기진 살림살이
더워서 어지러운 여름
풍성한 가을은 언감생심 꿈도 못 꾸고
살을 에는 겨울밤 단칸방은
너무 추워 잠도 오지 않는다

그렇게 험하게 살아낸 귀하디귀한 삶
살랑살랑 날아드는 노랑나비
하얀 나비춤을 추며
창밖에 희미하게 봄 소리가 들려온다.

만추의 사랑

청명한 계절에 그 미소와 그 눈빛을 사랑하겠습니다
높은 하늘과 청명한 날씨 밀잠자리 노니는 들판에
코스모스 춤추는 가을을 사랑하겠습니다

서늘한 바람이 불어와 머리카락을 만지고
후두두 떨어지는 알밤과 상수리나무의 도토리가
가을 향기 속에서 다람쥐를 유혹하는데
평범한 당신의 가을 밤하늘을 사랑하겠습니다

평범한 일상이지만 날 지켜봐 준 날들
가을이 오밀조밀한 숲길에 구구대는 사랑 소리는
그대의 첫사랑 그대의 끝 사랑이길 바라며
황금벌판을 지키는 나는 허수아비랍니다

가을걷이 이야기는 끝이 보이지 않는데
변해버린 들판에 널브러진 각양각색의 그릇에다가
행복을 담습니다

그대 모르게 가을이 그렇게 깊어져 가고 있습니다
당신의 가슴속에서 뜨겁게 뛰는 이 가을
가장 멋스러운 당신을 사랑하겠습니다.

제목 : 만추의 사랑
시낭송 : 박영애
스마트폰으로 QR 코드를 스캔하면
시낭송을 감상할 수 있습니다

명절 풍경

정을 나누고 꿈꾸며 서로 엮이고 싸우고 미워하고
때리고 울고 웃고 했던 칠 남매
잠잠할 날 없던 그때 그 시절

각자 일가를 이루고 한 사람 두 사람 떠나가더니
명절에는 두 배가 되어 돌아왔다
식사하려면 밥상을 여섯 개 놓고
밥그릇 25개 수저 물컵 국그릇 25개 젓가락 50짝

새언니 손에 옮겨지던 명절 풍경 추억하나 둘
뭐니 뭐니 해도 한 잔술 팀을 외치는 사위들
우아한 차를 마시며 후식은 과일이지 외치는 딸들

명절은 윷놀이지 윷놀이 팀
명절에는 동양화 꽃피워야지 화투팀
조용한 TV 시청하기 팀
각자의 취미로 집안이 시끌시끌하다

윷 나와라 걸, 백도 나와라 외쳐대고
화투팀은 청단 홍단에 광 팔아라
똥 먹어라를 외쳐대는 명절 풍경

하하하 호호호 흐뭇하게 웃어주시던 어머니, 아버지
지금은
웃어주던 어머니도 아버지도 안 계시는 명절 풍경에
눈시울이 붉어진다.

새바람

새로운 해가 떠오르는 새벽 아침
바람에 실려 오는 정결한 마음 한 조각
희망의 새해를 맞이한다.

곱고 고운 꽃길 새털 같은 시간
밤이면 알몸으로 쏟아낸 초록 머리 고깔이
다소곳한 미소로 다가온 봄날

바람 타고 달려온 봄 까치
화답하는 청춘들의 이야기는
그렇게 시간을 타고 응답했다.

제목 : 새바람
시낭송 : 박영애
스마트폰으로 QR 코드를 스캔하면
시낭송을 감상할 수 있습니다

초원의 사랑

안경 너머 햇살이 부서지는 날 무작정 떠난 여행
흰 구름 스쳐 가는 철길 위
푸른 잎이 그늘을 빌려주는 여름
너울 파도 속에 춤추는 자와
유혹하는 자의 여유로운 삶의 현장이다

시원한 열차 창가는 시선을 가두는 고운 꽃길이다
마음을 숨기고 싶은 시간
어디선가 들려오는 초원의 사랑이
작고 희미하게 들려온다

노래가 귓전에 들려오는 순간 두 눈 꼭 감았다
가슴을 에던 못다 한 사랑
사랑은 아니었지만
파노라마처럼 뇌리를 스치고 지나가는
햇살이 쏟아지는 숲길에 몸을 맡긴다

기억 속에 태워버린
그리움에 대한 반항도 허기진 사랑도
빨간 석양을 따라온 너의 공간 속에서
심장이 파르르 떨린다.

제목 : 초원의 사랑
시낭송 : 박영애
스마트폰으로 QR 코드를 스캔하면
시낭송을 감상할 수 있습니다

뚝섬에 살포시 몽우가 내린다

작은 풀포기 보드라운 흙 위에
살포시 몽우가 내린다
꽃 피워 열매 맺고 소임을 다할 때
생물들의 삶은 곱다

어제는 추억을
내일은 희망이 담긴 생명의 소리

조각 난 기억에 의지한 채
서성이는 발걸음
개울가에 뜬 달덩이 하나
오래전 과거의 기억
그리움의 적막이 흐른 소리를 삼키던 옛집

반쯤 허물어진 옛집에 무심히 내리는 단비
세월의 빛 타고 장독대 돌 틈 사이
삐죽 얼굴을 내민 제비꽃, 하얀 망초꽃
늦은 여름이 졸고 있는 틈새를
살포시 적시는 봄비

쑥대밭이 된 마당 한편에 녹슨 펌프가 있고
우물물 두레박으로 물을 길어서
보리쌀을 씻어 장작불을 지펴
어머니가 해준 꽁보리 고봉밥
된장찌개 넣고 쓱쓱 비벼 먹던
양옥집 추억 속으로 떠난다

엄마의 손맛이 기억도 나지 않는
다듬지 못한 시간
보고 싶어서 그리워서 추억을 부채질하며
잃어버린 시간이 먼저 일어나
푸른 하늘에 수놓는다

깊이를 잴 수 없는
서운한 마음이 몽우가 되어
고향집에 봄을 부른다.

먼 훗날

진한 재스민 향기에 취해볼 때
심장이 두근두근
사랑은 눈속임이라는 걸 알아버린 순간
가버린 세월을 잊으리라

진정한 친구는 아닐지라도
사랑은 심장을 조이고 있는
빛바랜 사진첩 속에 웃고 있는 그대

은하수 푸른 밤 연옥을 찾아
헤매고 있는 애절한 숨결이 가득하여
잠이 오질 않는다

진한 커피 한잔에 위로받을 때
풍족하지 않은 삶 속에서
낯선 발자국에 남긴 사랑

입김이 혼잣말하네
인생의 아름다운 거래는 사랑이라고
심장이 혼자 말하고 있네.

하얀 조가비

붉게 물든 석양을 바라보며
휘파람 불던 소녀

마중 나온 푸른 달빛 아래
갈래머리 소녀를 아시나요

반짝이는 눈동자
갈대밭에 부서진 추억들을 줍고 있는
내 맘 알까

눈부신 하얀 조가비의 첫사랑
모래밭에 파도가 흔적을 찾아
밀려드는데

부서진 물보라만
맴돌고 있네요.

제목 : 하얀 조가비
시낭송 : 박영애
스마트폰으로 QR 코드를 스캔하면
시낭송을 감상할 수 있습니다

하얀 면사포

새벽안개 도란도란
하얀 면사포를 쓴 망초 꽃길에
산나리 속삭이는 숲속의 아침

노송나무에 깃들어간 딱따구리의 아침
잠들어 고요한데
휴일이라 깨우는 이도 없다

새하얀 비단길 산새들 노래하는 데 듣는 이도 없다
고요를 품어 안은 망초꽃 나 여기 있는데
꽃다발을 만들어 놓고 기다리는 마음 허무해라

산비둘기 숲길에 날아드는 하얀 나비
하냥 너그럽게 맞이하는 찔레꽃 향기가
먼저 가버린 세월 눈을 감아도
허무한 마음 진정 몰랐네.

겨울 준비

추운 겨울 산등성이에 뒹구는 억새꽃이
권커니 받거니 하얀 손님을 맞이하는 일자집 뒤뜰에
엉성하게 꼰 새끼줄에 묶인 시래기는 탈색되어
누렇게 옷을 갈아입고 세찬 바람을 맞으며 서 있다

서까래 지붕창고안에는 19공탄 연탄이 쌓여 있고
창고 한쪽에는 마늘 고구마 감자 대파가 쌓인 이파리
동지섣달 동장군의 혹독한 추위에 허기진 등짝을 끌어안고
회한의 기억을 비바람이 쏟아버린 순정 앞에서
위로가 야속했던 시간
내딛는 발길은 돌아서지 않는다

나뭇잎을 떨구어 낸 늦가을의 문턱에서
비가 촉촉하게 심장을 적시고
플라타너스 이파리 웃음마저 비에 젖는 날
찢어진 나뭇잎을 발길이 바라보며
여정을 마치고 생을 마감하는 겨울나무 가지마다
긴 겨울잠을 청한다.

제목 : 겨울 준비
시낭송 : 박영애
스마트폰으로 QR 코드를 스캔하면
시낭송을 감상할 수 있습니다

사월의 봄

벚꽃 축제장이 되어있는 동산에
웃음이 멈추지 않고
아름답게 펼쳐진 곱게 물든 모습이 장관이다

앞서간 은밀한 눈길이 호기심을 부르고
손에 손잡고 자유롭게 자연의 벗들과 함께
바람 따라 꽃구경 나간다

살아있음에 감사드리며
사월의 봄꽃이 살짝 노크한다

하늘을 높이 날고 있는 철새
아무것도 모르는 척
강물에 봄 향기 실어 보낸다.

엄마의 유물

빈방 서재에 들어서면 가슴 언저리에 설움이 가득
서재 한쪽 편 투명 봉지 속에 담긴 주인 없는
어머니의 손때가 묻은 휴대전화와 충전기가 담겨 있습니다

버틸 수 없는 소중한 시간 추억은
이제는 전설이 된 소중한 유물 앞에서 눈물이 납니다
어머니 당신이 그립습니다
이럴 때 어떻게 할까요?

나에게 남겨진 오른 반지와 목걸이와 귀걸이
따듯한 온기로 나를 품어 안은 지금, 이 순간 바람이 붑니다
그렇게 그리워서 그리워서 눈물이 납니다

빈방 서재에 외로이 맴도는 이정표 없는
갈 곳을 잃은 허전한 마음
아득히 먼 길을 따라 꿈속에서도 봄꽃을 피울 테지요.

제목 : 엄마의 유물
시낭송 : 박영애
스마트폰으로 QR 코드를 스캔하면
시낭송을 감상할 수 있습니다

삼청공원

아침에 일찍 일어나서
가방에 물병과 약간의 간식 시집을 챙겨
약속 장소로 향한다

코로나에 지쳐버린 나의 영혼
일상으로 돌아간다면 어떤 것을 먼저 할까
막상 하려고 하니 딱히 갈 곳도 할 것도 없는데

도서관에도 가고 싶고 영화도 보고 싶고
창 넓은 카페에서 친구들이랑 수다를 떨면서
웃어도 보고 싶은 시간

캔 커피 한잔 손에 들고 떠나는 여행길
커피향기가 내게 묻는다면 말하리라
행복이란 이런 소소한 거로 생각한다

삼청공원에서 열리는 ROTC 걷기대회 참석하신 분들께
나눔을 하고 선물을 받았다
가져간 '꿈꾸는 DNA' 시집에 사인도 하고
북촌 한옥마을을 휘젓고 간다.

시간

홀연히도 쏟아버린 바람이
휘감고 있는 이 산자락에
날 머무르게 했던 시간

뜨거운 태양 아래 애절한 사랑가
너를 사랑한 울음소리
이제는 찾지도 않는다

부서진 퍼즐 조각에
꽃비가 가슴을 적시고
잃어버린 영혼
그 사랑 기억도 거미줄에 안긴다

몸부림치는 소리가
시간에 맞추어
아무렇지 않은 듯 흐른다.

제목 : 시간
시낭송 : 박영애
스마트폰으로 QR 코드를 스캔하면
시낭송을 감상할 수 있습니다

변해가는 사계절

노란 복수초, 산수유가 봄을 알리고
새봄 아지랑이 따라온 노란 나비 속삭임
목석같은 달그림자 행주치마 곱게 차려입고
임 마중 가요

더운 여름 비지땀 속에 방긋 웃는 무궁화꽃
파란 하늘을 우러러 피어난 채송화
서로의 안부를 묻는 꽃향기

높고 높은 청명한 가을 하늘이
우리에게 달콤하게 이야기해요
"가을을 사랑하세요"

차갑게 불어오는 눈먼 바람에
익어가는 군고구마 냄새 백 리 길을 가고

눈이 오는 가로수길 은행나무가
하얀 솜이불을 덮고 겨울잠을 자는 하얀 밤
순백의 겨울이 삼키겠지.

흰 구름 한 조각

그대 안에 기억이
불어오는 차가운 바람에
조금씩 무뎌진다

달빛 고운 밤
홀로 걷던 발길이
그림자에 가려 바람이 되어 헤매고

아름다운 흔적이 조각조각 다가와
바람으로 내려앉는다

아침 이슬방울이 지는 나팔꽃 위에
보이지 않는 숨결 안에서 고백한다

아픔을 달래려고 해도 달래지지 않았던
시간의 끝자락

하얗게 지새운 까만 밤
정지된 시간 견뎌낸 시간이 아름다운 흔적이 되어
내 곁을 지나는 길 모롱이 쪼개지는 그리움을 삭힌다.

제목 : 흰 구름 한 조각
시낭송 : 박영애
스마트폰으로 QR 코드를 스캔하면
시낭송을 감상할 수 있습니다

두물머리

모성애 생명을 잉태하고 흐르는
한탄강 물줄기 찰랑찰랑

반토막 되어버린 남한강
북한강물 합쳐서 흐르는
두물머리 명소가 되어 준
세미원 강물이 키우는 어종들

석양을 바라보며 심장을 달구고 있는
왜가리 한 마리 새털 같은 시간
아버지의 고향 향수를 안고 흐른다

아스팔트를 달구는 수많은 발걸음이
추억으로 남겨질
어둑어둑한 시간을 기억하면서
당당하게 가로등 사이로 길어진 무언의 그림자

듬성듬성 떠도는 별빛 따라 외로운 초승달도
오늘따라 삼복더위에 지쳐 가는
깡마른 어깨 얼굴에 푹 팬 주름살 파고든다.

신이 내린 그림

천의 얼굴을 한 신이 내린 그림
수많은 시간을 삼켰을 모래바람에 휘감기어 간
천 년 묵은 모래언덕 차가운 바람에
새들이 군무를 이룬다

나는 어디로 가야 하나
한잔 술에 취해버린 나
하얀 겨울 흔들리는 가로등
불빛이 누구에게도 소유되지 않는 고요함

사랑하라고 외치는 가로수길에 가로등 불빛도
그리움 안고 서 있는 달빛에 취해
비워서 채운 독한 술 한 잔걸음에 빛이 된다

또 다른 세상 혁명을 일으키고
승리하지 못한 부활한 도시가 비스듬히 도로를 위해
비껴가는 시골 마을을 지키는
해송 십 리 밖을 마중하는 밤

까만 밤 말이 없는데
까만 눈물 시커먼 트라우마를 지우고
날리는 빗방울 무지개로 떠오르는
천년의 세월을 건너고 있다.

아버지

사랑하는 아버지
보고 싶은 아버지
검은 머리에 커다란 눈 다정한 미소
자녀들에게는 더없이 다정하신 아버지
우리 아버지께서는
솜씨가 무척이나 좋으셨다

당신이 쓰는 포마드 기름을 발라
딸들의 긴 머리를 정갈하게 땋아 내린 머리는
잡지에 나오는 윤기가 좌르르 흐르는 그런 모습이었다

온종일 돌아다니다가 집에 올 때까지 예쁜 모습으로
흐트러지지 않는 곱고 고운 머리
우리들은 서로 아버지에게 땋으려고 줄을 섰다

바쁜 아침 학교 가는 날
딸들의 마음을 알 리가 없으신 어머니는
이리와 하고 등짝을 당기신다
어머니에게 끌려가는 동생들은 입을 삐죽거린다

아버지의 손끝에서는 예술 작품이 만들어진다
연필도 연필깎이처럼 똑같은 예쁜 모양으로 깎아주시고
그림도 정교하게 그려주시고
아버지의 손바느질은 미싱으로 박은 것처럼 정교하다

아버지께서 만들어주신 주름치마는 어찌나 행복했던지
손바느질로 만들어주시던 아버지의 주름치마 앞에
여섯 명 딸이 하하 호호 웃음소리가 담장 너머 퍼졌다.

제목 : 아버지
시낭송 : 박영애
스마트폰으로 QR 코드를 스캔하면
시낭송을 감상할 수 있습니다

나의 살던 고향은 청계천

아홉 식구 칠 남매가 살았던 청계천
중구 신당동 171번지 청계천을 사이에 두고
뚝딱뚝딱 이틀 만에 지은 판잣집이
모닥모닥 모여 있는 동네

단칸방에 없는 살림에도 웃음소리가 대문을 넘고
사람이 사는 정으로 행복했던 때
이불 하나 두고 서로 덮으려 잡아당기고
울고불고했던 코찔찔이들

장마철 큰비가 내리면
청계천은 물난리에 세간도 팽개치고
아이들을 깨워 피신했던 광희중학교
밤새 내린 비에 쓸려간 판잣집은
네 집 내 집 경계도 사라진 빈터에
뚝딱뚝딱 집을 짓고 살던 시절
아련하게 떠오르는 기억이
어릴 적 고향으로 나를 데리고 간다

여기 어디쯤일까
변해버린 청계천 새롭게 단장한 남산타워
사라져 버린 동대문 운동장 추억이 전설이 된 서울 청계천

시간이란 놈은 앞만 보고 흘러가니
어쩔 수 없이 따라가야 하지만
그래도 가끔 추억이 돋으면 고향 청계천에 다녀온다

21세기의 서울특별시 중구 신당동 171번지에는
판잣집은 없지만
찔찔이 남매가 살았던 추억은
가슴속에 남아 숨을 쉬고 있다.

제목 : 나의 살던 고향은 청계천
시낭송 : 박영애
스마트폰으로 QR 코드를 스캔하면
시낭송을 감상할 수 있습니다

삶의 기도

못다 핀 꽃 한 송이 피기를 염원하며 남겨둔 꿈
심장에 희미하게 꽂아 놓은 해바라기 꿈
차갑게 느껴지는 엄동설한 추위에 몸도 마음도 작아진다

남겨둔 꿈을 찾아 떠나는 험난한 인생길
무척이나 참기 힘든 삶의 흔적
서러워서 울고 무서워서 떨고 했던 지난날들

나를 초대한 삶 충실해지기로 했다
험한 길에 놓인 외길 인생
모노레일 위 곡예사 눈물

화려한 스케줄 앞에서 도망치게 해달라고 때론 기도했어
죽을 만큼 힘든 생활 패턴 새장 안에 갇힌
파랑새의 초롱초롱한 눈망울에
눈물이 서릴 즈음에 반응하는 너

새장 안에 갇힌 파랑새는 바람과 함께
새장 문을 활짝 열어젖히고
푸른 하늘을 높이높이 날아오른다.

그리움

떠도는 조각구름 자연을 벗 삼아
들로 산으로 가출한 영혼들

바다로 떠나간 마음을
밤이슬이 붙잡는다

잃어버린 영혼을 기억이나 할까
시간이 가도 가슴에 이슬비가 내린다

오늘도 난
조각난 그리움을 줍고 있다.

제목 : 그리움
시낭송 : 박영애
스마트폰으로 QR 코드를 스캔하면
시낭송을 감상할 수 있습니다

하얀 억새꽃

하얀 억새꽃 손짓하는 가을 언덕에
또르르 떨어지는 도토리 소리
살금살금 다가온 다람쥐

붉게 물든 낙엽 춤추는 산기슭에
나풀나풀 하얀 억새꽃
달빛 소나타 아쉬운 이별

길어진 그림자 그대는 모르리
흐린 기억을 빈칸에 채우던 사랑가는
그대에게 들릴까 그대에게 보일까

콩닥콩닥 기다리다가 깨어진 사랑
새벽안개 드리운 눈가에 이슬이 서린다.

겨울에 핀 하얀 벚꽃

아름다운 겨울 하얀 눈꽃 송이 만개했습니다
하얀 들판에 널브러진 그대 기억을, 그대 추억을
각양각색의 그릇에다가 담아 봅니다

하얀 목화밭에 목화송이 가득 피어난 날
이렇게 멋진 날에 추수하러 가야 할 것 같은
마음을 진정시키며 다가가는 발걸음은 콩닥콩닥

순백의 들판에 미소 짓고 있는 그대를
차가운 바람과 따뜻한 햇살에 숨길 수 없는 아름다운
첫사랑 눈사람을 만들어 놓고 떠나간 그대

그대를 찾아봐도 하얀 눈만 피어 있습니다
라일락 꽃 피던 그곳에
하얀 눈이 소복소복 쌓인 바람에 날리는 추억
나의 마음 깊이 기억하려고 합니다

하얀 눈 소풍 길 기억 속에 묻습니다.

제목 : 겨울에 핀 하얀 벚꽃
시낭송 : 박영애
스마트폰으로 QR 코드를 스캔하면
시낭송을 감상할 수 있습니다

음악다방

조용히 비가 내리면 옷깃을 세우고
찐빵 찐만두 빵집을 누비던 추억이 생각이 난다
친구들이랑 나누었던 이야기

안정감 있고 편했던 음악다방
긴 머리 휘날리며 들어가는 창가 자리에서 마주하는 시선
디제이의 멋진 목소리로 "신청곡 받습니다"

디제이에게 하얀 종이쪽지에 신청곡을 적어주고
이제나저제나 신청곡이 불리는지 이름이 불리는지
두근거리는 마음을 진정시키며
기다리는 시간은 행복했었다

그때의 주옥같은 노래는 나에게 웃음을 안겨주고
폴모리아 악단의 이사도라를 눈 꼭 감고 들으면서
추억 속으로 상상 여행을 떠난다.

얼음지치기

알고 있었을까
처음부터 우정인 듯 아닌 듯
뜨거웠던 친구의 열정
속마음 얼마나 헤아렸을까

추억 속에 소녀도
어디선가 백발이 되었겠지
지금도 그때처럼 음악을 좋아할까
나처럼 그 누군가의
해바라기가 되었을까

세상살이에 치이고 지쳐
치솟는 열정 불태우지 못하고
일찌감치 놓아 버린 꿈
기다려도 오지 않았던 기회는
언제쯤이면 내게 돌아올까
기억 저편에 숨겨 두었던 생각을
백발이 성성한 이제야 깨운다.

제목 : 얼음지치기
시낭송 : 박영애
스마트폰으로 QR 코드를 스캔하면
시낭송을 감상할 수 있습니다

꽁보리 비빔밥

보릿고개 꽁보리 밥집을 찾아 떠나는 여행

어릴 적
고추장에 설탕을 섞어 버무려 놓은 빨간 고추장
양푼에 보리밥과 고추장 참기름 한 방울 넣고
휘휘 저어 뒤적뒤적 비비는 꽁보리 비빔밥

쓱쓱 비벼 여럿이 멍석에 둘러 앉아 먹던
너무너무 맛있었던 꽁보리 비빔밥

복달임하는 저녁에
옹기종기 양푼 앞으로 모여 앉아서
허겁지겁 배를 채워도 채워도 채워지지 않는
배고픈 보릿고개였다는 걸 잊은 지 오래다.

사랑의 영수증

인생길 정거장에
사랑의 사용 명세서 영수증들

즐거움이 가득한 행복한 미소 가득한
영수증도 가지런히
추억 속의 빛바랜 사진첩 속에
배시시 웃는 무정한 영수증

구겨지거나 찢어진
소중하고 초라한 나의 영수증

힘들고 버거웠던
세월 속에 지나간 수많은 사연
인생사가 분주한 영수증.

제목 : 사랑의 영수증
시낭송 : 박영애
스마트폰으로 QR 코드를 스캔하면
시낭송을 감상할 수 있습니다

삶의 온도

철부지 소녀가 시간을 달려서
도착한 보금자리는
딸내미의 엄마가 되었다

딸내미의 보금자리는
손녀딸에게 어미가 되었고
나는 한 계단 두 계단 올라
내 어머니의 나이가 되었다

삶의 그릇에 담긴 사랑은
꽃도 피고 소중한 열매도 맺어
더없이 행복한 내리사랑이다

오늘도 내일도 더 멋진 삶을 위해
한 걸음 한 걸음 최선을 다한다.

안부

북적거리는 카페에 가슴속에서 반쯤은 비워진 추억이
가슴속에 차곡차곡 쌓이는 안부가 궁금한 사람들

그리움이 별처럼 달처럼 내리는 창가에
자동차 불빛이 품어내는
도시에 정다운 그 이름 그 얼굴들
멀리서 바라만 보아도 행복했던 날들

그리움이 머무는 곳에 사무치도록 보고 싶은 친구들
어디서 무엇을 할까
보고 싶은데 지나가는 불빛이 마음을 달래준다

잔잔하고 애절한 유행가를 음악을 들으면서
깜빡이는 추억을 하나하나 더듬는
창가에 화려한 수많은 자동차 불빛
거리마다 애달픈 눈망울.

제목 : 안부
시낭송 : 박영애
스마트폰으로 QR 코드를 스캔하면
시낭송을 감상할 수 있습니다

이 또한 지나가리라

세 번째 23살을 배웅하는 나
흐르는 강물을 거슬러 오르는 연어 떼처럼
시간을 거슬러 올라가 18세 소녀로 21세기 로그인한다

미루었던 꿈을 향해 준비하러 가는 인생 여행길
그동안 누릴 기회를 잃어버렸던 지난날의 여미어진 가슴에
나를 일으키는 바람이 분다

죽을 것 같은 작은 씨앗에서 싹이 나고 꽃이 피고
나무가 되어 열매 맺는 황혼에
피곤한 줄 모르고 함박웃음 속에 하루가 간다

내일을 완벽하게 준비하고 거드는 바람이 일렁인다
또 다른 가면 속의 진짜 내 모습
심장이 타는 줄 모르고
뒤척이고 있는 영혼을 잠재우고 있다.

바람 쐬는 길

바람 소리 풍경소리 한적한 숲길
깊이 팬 계곡 능선을 따라서 온 냇물이 키우는 송사리 떼
아지랑이 따라온 버들강아지 기지개를 켜는 봄날이다

숲속의 산새들 새 벗 삼아 찰칵찰칵 소중한 한 컷
숙연해지는 자연환경 둘레길에
편백나무는 우산 없이 비를 맞고 서 있다

노란 우산을 받쳐 들고 성큼성큼 걷는 끝이 없는
편백나무 숲길에 비를 맞고 싶어서 기웃거리는
호반새 짝을 찾아 닿기를 그린다

나뭇가지에 주렁주렁 매달린 삶의 현장
양지바른 산기슭에서 바람꽃이 핀다
개나리 진달래 왕벚나무 예쁘기도 하고 밉기도 하다.

제목 : 바람 쐬는 길
시낭송 : 박영애
스마트폰으로 QR 코드를 스캔하면
시낭송을 감상할 수 있습니다

면접고사

청명한 시월의 하늘을 쳐다보며 면접고사를 보러 간다
가을걷이하는 가을이 오감을 자극하는 날
모든 것을 내려놓고 곱게 단장하여 길을 나선다

차창 밖에는 내 나이처럼 벼가 누렇게 익어가고
달리는 버스는 들녘을 덜컹거리며
산비탈에 자리 잡은 학교 건물 안으로 들어간다

청명한 하늘 아래 시선을 불러 모으는 웅장한 캠퍼스
건물들 이정표 앞에서 멈추어선 발길
제각기 이름표를 달고 있어도
어디로 가야 하나
망설이고 있는 촌스러운 발길로 기웃기웃

파란 하늘 뭉게구름 사이로 명품을 두르고
멋을 내면서 물들어 가는 삶의 현장에
승리의 깃발을 세운다.

그 사람

시간을 달려서
한참을 서성이다
눈물이 된 사람

꿈같았던
단 하나뿐인 사랑

가시투성이 정원에
아픈 기억도
서로 다른 너와 나

홀로 핀 하얀 민들레
꽃잎 위
날개를 접는다.

제목 : 그 사람
시낭송 : 박영애
스마트폰으로 QR 코드를 스캔하면
시낭송을 감상할 수 있습니다

가을 산은

아름답게 놓인 길
맵시를 다듬는 숲속의 향기가
하루가 짧아진 가을날 독대를 신청한다

붉게 물들어가는 산장에 사라져가는 가을
도토리나무 위에 다가온
다람쥐 부부의 가을을 품은 삶의 현장

바쁜 현실에 괴로워하는 가면 속의 사계절
덩달아 바쁘게 소통하고 흘러간 현실은 냉정하지만
물들어가는 영혼 밝게 빛났던 시간
어느 산사에서 곱게 저물어 간다.

외할머니의 향기

외갓집 마당에 흐드러지게 핀
하얀색 분홍색 봉숭아꽃
그리운 외할머니의 품속으로 여행을 떠난다

방학이 되면 옹기종기 외갓집 마당에
멍석을 깔고 모여 앉았다
외할머니는 봉숭아 꽃잎에 백반을 넣고 찧어서
손톱 위에 올려놓고
넓은 분꽃잎으로 싸고 실로 묶어놓고
옛날이야기 보따리를 풀어놓는다

내 나이 외할머니의 나이가 되었지만
그때의 감성을 찾을 수가 없다
바람이 흔드는 코스모스 꽃잎 따라서 하늘거리는
그리움 내 마음도 봉숭아 꽃잎이 추억을 흔들어 놓는다

내게도 외손녀딸이 있지만
봉숭아꽃을 보고도 못 본 척 지나쳐 간다
점점 무뎌지는 객지에서 만난 봉숭아꽃 사이로
외할머니의 향기가 퍼졌다가 흩어진다.

제목 : 외할머니의 향기
시낭송 : 박영애
스마트폰으로 QR 코드를 스캔하면
시낭송을 감상할 수 있습니다

시래기죽

추억이 전설이 된 서울살이 왕십리
혹독한 추위에 허기진 등짝을 끌어안고
쌀 한 홉으로 시래기죽을 끓인다

다른 집 아이들은 목도리와 손모아장갑 챙기는 겨울
11살 계집아이에게는 장갑과 목도리는 사치품이었다
치열한 경쟁 삶이라는 걸 일찌감치 알게 되었다

마음의 병이 들어선 외로운 시간
오뚝이와 같이 살아낸 삶
새털 같은 시간 알몸으로 쏟아낸 열매

이제 괜찮아 토닥토닥 잘했어
가장 멋스러운 시간 희망을 안고
당신과 우리를 소환해 본다.

우리가 남이가

은빛 갈대밭에
꽃단장을 마친 옹골진 열매
줄기마다 우직하게 품어 안은 향기
우리가 나누었던 수많은 이야기

나날이 커져만 가는 수고로움에
단순한 호기심을 놓아버린 생생한 기억
바람 속을 삼삼오오 잠시 쉬어가도록
발길을 붙잡고 있는 가을이 이토록 아름다울까

그렇게 지나온 모든 순간 추억을 모두 지우고
눈물샘은 잊어버린 추억을 부르고
나를 지우고 있는 너는 너무 아픈 사랑

흐르듯 말듯 가물거리는 물안개
메아리로 되돌아오는 울림이 가슴을 적신다
이미지화 되어버린 미소 우리를 기억할까?

여름

여름이면 아버지께서는
귀하디귀한 수박 한 통과
새끼줄에 묶인 얼음 한 덩이를 사 오신다
찌그러진 양푼에 담긴
하얀 함박눈 얼음에 혜윰이다

얼음 띄운 수박
한 그릇씩 나누어 주시며
환하게 웃으시는 아버지
저분저분 하시던 아버지 앞에서
그릇에 담긴 수박이 더 작은 거 같다

그릇은 아홉인데
언제나 일곱 그릇 늘 간조롱 하다
딸들은 많이 담긴 큰 그릇 찾기 위해
얼굴에 낯꽃이 피었다

바닥에 앉아 허겁지겁 먹으면서도
안다미로 수박이 놓인 양푼 앞으로
든해가 가득하다.

* 혜윰 : 생각 * 간조롱 : 가지런
* 저분저분 : 성질이 부드럽고 찬찬하게
* 낯꽃 : 감정의 변화에 따라 얼굴에 드러나는 표시
* 안다미로 : 담은 것이 그릇에
                넘치도록 많이. 넘치게

제목 : 여름
시낭송 : 박영애
스마트폰으로 QR 코드를 스캔하면
시낭송을 감상할 수 있습니다

바람

희망의 촛불을 켜 놓고 혼신을 다해
기도하는 어미의 간절한 소망을 담은
하루는 긴 시간이었다

꿈을 꾸며 기다릴 때
젖은 눈물로 태우던 촛불의 불빛도
하루의 운명이 천년은 묵은 것 같다

침묵할 수밖에 없었던 소중한 시간
숨이 막힐 듯한 두려움과 고통 속에서도
너를 위한 간절한 마음은 한 줄기 빛이었다

추억은 눈을 감아도 가슴에 남아
전설처럼 나를 기억하고
내일이 오는 길목에서 너를 초대하여
국화꽃 향기를 마신다.

제목 : 바람
시낭송 : 박영애
스마트폰으로 QR 코드를 스캔하면
시낭송을 감상할 수 있습니다

구곡폭포

낙화하는 시원한 물줄기 따라 춤추는 무지개
귀하디귀한 백합 향을 따라온 꿀벌과 노랑나비
고요 속에 향기가 사라지기 전에 너를 찾는다

행복을 부르고 추억으로 가는 길에 커피 한잔 나누고
아름다운 인사를 건네는 그윽한 눈빛에
행복을 한 아름 안고 곱게 곱게 사랑을 나누는 하루

사랑을 불러 모으는 구곡폭포
은행나무를 앞서간 발자국 먼 훗날 기억하면서
따뜻한 온기로 감싸안은 달빛이 들려주는 떨림이 부드럽다

보드레한 얼굴 각자의 마음속에다 채우고
미소도 웃음도 조용한
비밀스러운 미소가 무지개를 안고 부서진다.

가을 사랑

가을이 오는 길목에서
코스모스가 사랑을 했습니다

바람이 흔들어도 오지 않는
그대를 부르고

무지개를 찾아 떠난 것을
알았는데

구름에 비친 나를
마실 나온 달빛이
말도 없이 지켜보고

첫사랑 그대를
아직도 잊지 못한 나였습니다.

제목 : 가을 사랑
시낭송 : 박영애
스마트폰으로 QR 코드를 스캔하면
시낭송을 감상할 수 있습니다

소풍 길

얼음 동동 냉커피 한잔 두어 번 마시니까
빈 커피잔이 되었다
알록달록 붉게 물든 단풍이 손짓하는 이 거리를
춤추는 나비가 되어
미지의 세계를 향해 힘차게 날아오른다

벌거벗은 나를 사랑해 주는
초록을 물들이던 산하에
가치를 찾아낸 멋있는 인생을 펼친다
상처를 앓고 살아낸 서툰 삶
커피는 늘 나를 위로 해주었다

세상을 잘 몰랐던 지난날에 세월
가슴에 눈물과 절절한 사연 담은 소풍 길
'헤이즐넛 커피향'에 친구들
반짝반짝 눈동자가 빛이 난다

가을을 품은 삶의 현장
예쁜 마음을 싣고 달리는 버스 안에서
연지곤지 짝지어 보듬지 않은
각양각색의 아웃도어를 입고
두근거리는 마음이 나보다 앞서서 달려간다.

커피 없이 못 살 것 같다

커피 한잔에 인맥을 검색하고 있는 초겨울
어깨를 움츠리게 하는 날 코끝을 시리게 하는 바람은
비워지는 뱃속에서 꼬르륵 소리 당최 나갈 기미가 없다

파란 하늘에 빨간 햇살 맛깔나게 담금질하는 갈대 꽃잎
눈 마주치는 창가에 헤이즐넛 커피 향 찰랑찰랑해도
그녀는 오지 않네

이 멋진 계절 갈대의 춤사위가 참 곱다
고즈넉한 강변 찻집 윤슬이 반짝반짝 나를 부를 때
반항하는 듯 달디 단 커피 향기가 돌고 돌아 나를 감싼다

시각으로 바라보는 커피는 와 맛있겠다
후각으로 맡는 고소한 커피 향기
미각으로 먹는 행복한 즐거움
나는 커피 없이 못 살 것 같다.

마술에 걸린 날

검은 구름을 가두는 하늘이
마술에 걸린 날

분주한 들녘은
자드락 비가 비밀 첩보작전 중인 골목길
내리는 소낙비에 옷이 젖을까
옷자락을 꼭 부여잡고

움직이지 못하고 있는
등 뒤에서 우르르 쾅쾅
번뜩이는 섬광과 소리치는 번개

우산을 날려버린 장대비에
몸과 마음이 정지된 심장
온몸이 흠뻑 젖는다.

찔레꽃이 피었습니다

찔레꽃이 피면 온다던 그대여
찔레꽃은 이렇게 피었습니다

당신 없는 이곳에
약속한 시각에 맞춰서
찔레꽃은 피었습니다

동네 한 바퀴를 돌고 돌아
당신의 흔적을 찾아보아도
오지 않는 걸음

기다리는 마음 서러운 눈빛
내일이면 찔레꽃이 떨어질까 봐
조마조마하는데

그대 발걸음은
그리도 더디게 오시나요
이 밤을 새우고 나면 오시렵니까

그대여
찔레꽃이 지기 전에 돌아와 주세요

내 마음속에 찔레꽃이
활짝 피었습니다

당신의 가슴속에
찔레꽃은 언제쯤 피시렵니까?

제목 : 찔레꽃이 피었습니다
시낭송 : 박영애
스마트폰으로 QR 코드를 스캔하면
시낭송을 감상할 수 있습니다

그것만이 내 세상

햇살에 쏟아지는 숲길을
파란 바람 푸른색을 더하기 하는 날
심장을 붙잡고 애무하는 산비둘기

살아가는 동안
새콤한 석류같이 빨간 석양이
나를 안아주곤 했던
고향의 가난한 가슴에 녹여내며 나를 담는다

작은 바람이 손에 잡힐 것 같은
추억의 밤이 길어져 가고
꿈에 그리던 추억 하나
오래 기억되었으면 좋을 텐데

강하게 침투한 푸른곰팡이 핀 추억을
오랜만에 소환해도
익숙지 않은 나의 일상이지만
봄날 아지랑이 따라
폴짝거리는 청개구리
봄꽃으로 피어난다.

제목 : 그것만이 내 세상
시낭송 : 박영애
스마트폰으로 QR 코드를 스캔하면
시낭송, 시노래를 감상할 수 있습니

눈이 내리는 언덕길

하얀 겨울 함박눈 내리는 골목길
겨울새 등을 떠미는 곳에
하얀 눈을 맞으며 걷고 싶다

눈이 내리는 언덕길
발 동동거리는 눈길에 미끄러져도
시린 손을 호호 불면서 엉금엉금 걷는다

먹이를 찾아 떠나는 자유로운 철새
아무것도 할 수 없는
치열한 삶의 경쟁 속에서 열어본
오뚝이 같은 인생

초라한 추억만 심장을 붙잡고 서성이며
뼛속까지 추위에 애원하는
허기진 등짝을 끌어안고 얼음꽃이 핀다.

연탄 한 장

채워도 채워지지 않던 허기진 배고픔은
물지게를 진 등과 발걸음을 무겁게 했고
좁은 골목길을 비틀비틀 걷다 보면
어느새 물은 반으로 줄어 있었다

손에는 시래기죽을 끓일 한 홉의 쌀이 들렸고
춥고 까만 밤을 따듯하게 데워 주던 연탄 한 장에
온 가족이 둥글게 앉아 죽을 먹어도
행복했던 시절이 있었다

변변치 못한 살림살이에 꿈조차 꾸지 못했고
기와집 대청마루는 언제나 동경의 대상이었으며
잘 차려진 밥상을 바라보는 눈빛에는
슬픔을 담아야만 했다

배고팠던 지난날의 보릿고개
세월의 강을 건너 품어 안은 삶
가난했지만 행복했던 기억이
마음을 스치고 지나간다.

제목 : 연탄 한 장
시낭송 : 박영애
스마트폰으로 QR 코드를 스캔하면
시낭송을 감상할 수 있습니다

정겨운 이웃

시시콜콜한 정겨운 이웃
나에게도 그런 친구가 있었는데
한때는 죽고 못 사는 이웃

가슴팍에 묻어둔 애잔한 그리움이 탑을 쌓고
별들의 온기를 찾아 더듬으면서
간절한 기도 속에 눈물은 묻어 두자

시름시름 야위어 가는 깡마른 느티나무
바스락거리는 낙엽을 밟으면서
약속도 없는데 누군가를 기다리고 있는 내가 밉다

붉은 낙엽 수북이 쌓인 골목길에 어느 사이
나타난 고양이
야옹 소리를 귓속에 담는다.

잊어야 할 첫사랑

잊어야 할 사람
지워야 할 사람
그림자도 지우렵니다

그 사람 기억도 아픈 사랑도
당신이라는 이름도 지우렵니다

그대 흔적도 지우려 합니다
아무것도 남기지 않으렵니다

멀어져 간 첫사랑
미운 정 고운 정 담았던
그 사람
이제는 잊으렵니다.

제목 : 잊어야 할 첫사랑
시낭송 : 박영애
스마트폰으로 QR 코드를 스캔하면
시낭송을 감상할 수 있습니다

만남의 첫인상

사랑하는 엄마와 나는
눈과 키가 큰 멋지고 믿음직한
새아버지를 처음 만났다

주름치마를 만들어 주기도 하고
스웨터와 목도리를 짜 주던 아버지는
바느질 솜씨도 좋았다

연필을 예쁘게 깎아주기도 했고
양 갈래머리를 땋아주기도 했던 아버지의
자상한 모습이 좋았다

어린 마음에도 가족이 함께해서 든든했고
사랑을 받았던 행복했던
그 시절이 그립다.

산골 소녀의 겨울

아지랑이 따라 알록달록
고랑 길 따라가면
어깨춤이 덩실덩실 산들바람 춤추는
보리밭을 지나 모퉁이 돌아서면
저 멀리 들어오는 일자집

고추밭에 가면 홍고추가 주렁주렁
바쁜 가을걷이를 하는 들판에
몸은 굼벵이 되어가고

누런 나락논
벼메뚜기 어서 오라 손짓하고
밭은 밭대로 해야 할 일이 태산인데
일을 하다 보면 우선순위를 정하기가 어렵다

가을걷이를 어떤 것을 먼저 해야 할지
마음은 논으로, 밭으로 먼저 달려가고
뇌리를 스치는 풍성한 가을이 나를 부른다

텅 빈 가을들녘
일자집 감나무 마지막 가을걷이
갈대밭에 은빛 물결
가을을 재촉하는 감나무
주렁주렁 매달린 홍시
까치 손님을 부른다

겨울을 준비하는 은행나무
앙상한 나뭇가지 휘파람 소리에
호호 손을 물면서 집으로 가는 길
군고구마 익는 냄새가 유혹해
집으로 달음박질친다.

가을이 익는 냄새

하늘은 높고 청명한데
더운 여름은 깊어만 가고
외로움인지 그리움인지
말 못할 옹이는 커져만 간다

솔 버섯 피는 양지바른 오솔길에 풀 익는 냄새
옹기종기 모여서 아침 이슬 먹고 자라는 채송화
머리 위에 먹구름 진둥한둥
숲속의 노랫소리가 정겨워도
언제나 그랬듯이 풀벌레 소리 잦아들었다

무섭게 호통치는 천둥소리와 소낙비
아무 일도 없었다는 듯이
품속으로 파고드는 가을비
가을걷이 끝나면 또 쓸쓸하겠다.

길어진 그림자 하나

동지섣달 동장군의 추운 한파에
길어진 그림자 하나
외로움이 폭풍처럼 밀려드는 까만 밤

쓸쓸한 거리에 뚜벅뚜벅 발걸음 소리가
매서운 겨울바람 따라 울음소리
밤하늘에 울려 퍼진다

점점 멀어지는 달그림자 옆에
아파하는 앙상한 겨울나무
까만 밤 하얀 밤

하얗게 지새운
초라한 추억만 깜빡이는 빌딩 숲
불빛에 가려진 아련한 모습

구름이 숨기고 있는 들녘에서
쓸쓸한 이 밤이 다하기 전에는 돌아오지 않는
그 무엇 때문에 뒤돌아서는 옷자락을 부여잡고 있었네!

첫사랑

아련하게 떠오르는 첫사랑을
잊지 못한 그리움에 찾은 바닷가

나 대신 소리 내어 울어주는 갈매기
내 마음을 아는지 소리친다

파도가 밀려오는 모래밭에 묻어둔 너와의 사랑
가슴에서 파도칠 때
인적 없는 백사장 등대 아래
둘이 걷던 바닷가에 잃어버린 너를 찾는다

이루지 못한 첫사랑
조각난 너의 그림자
눈물짓고 있다.

제목 : 첫사랑
시낭송 : 박영애
스마트폰으로 QR 코드를 스캔하면
시낭송을 감상할 수 있습니다

경춘선 열차

경춘선 열차에
빛바랜 추억이 차곡차곡 쌓인 날
발길이 여정을 마치고
쉬고 있는 철길 위의 추억을 그린다

춘천행 열차에 젊음을 싣고
열차에는 예쁘지 않은 배낭에
물 바랜 청바지에 통기타와 야외 전축 하나 들고
삼삼오오 모여 떠난다

청량리역에서 출발하는 열차에
몸과 마음을 싣고 입석도 마다하지 않고도
그저 행복했었다

숲길을 달려 청평 대성리 천마산을 지나
남춘천으로 향하던 친구들은
지금은 어디서 무엇을 할까
그때의 긴 머리 소녀들은
지금은 어디서 무엇을 할까?

제목 : 경춘선 열차
시낭송 : 박영애
스마트폰으로 QR 코드를 스캔하면
시낭송을 감상할 수 있습니다

아버지와 참새

하얀 눈이 소복이 쌓인 장독대
프레임 안에 담긴 이야기
어린 시절 추억이 파노라마처럼 뇌리를 스치는
예쁜 하얀 육각형 얼음꽃
조잘조잘하는 창밖으로 가득한 하얀 눈

눈이 내리면 아버지께서는
나뭇가지로 만드신 고무줄 새총을 들고
논밭으로 참새를 잡으러 나가신다

털모자와 장갑을 준비하시고
문밖으로 한 발짝을 내놓으시면서
다녀 오갔어 하시면서 성큼성큼 나선다

엄동설한 겨울철에는
살이 통통한 참새를 잡으러
눈 위에 큰 발자국을 찍으며
장독대 앞으로 뽀드득뽀드득
소리를 내시면서 길을 나선다

겨울철에는 살이 통통한 참새를
잡으러 눈길에 뽀드득뽀드득
그 큰 발자국을 찍으며 가신다

아버지의 크시던 뒷모습 멀어져가던
아버지와 참새 지금도 하얀 눈이 내리면
그때의 생각이 난다.

* 다녀 오갔어는 평양사투리다

하얀 솜이불

바람이 불면 춤추는 꽃잎
늘 혼자였다

눈이 내려도 변함없이
함박눈을 안고 춤을 춘다
다시 만날 수 없는 사람을 기다리면서

봄이 오면 온 힘을 다해서 새순으로 나오고
여름이면 정성으로 꽃송이를 피우고
가을이면 붉은 단풍으로 색색의 옷을 입힌다

겨울이면 하얀 솜이불 덮고
또 그렇게 기다리는 봄
봄을 기다리는 당신이라는 꽃잎

언제라도 곁에 있을 것 같은 용감한 날
제멋대로 팝콘을 뿜어내고 있는 벚꽃이 그리울 거야

꽃잎 뒤에 숨기고 살아온 부족했던 지난날들
아프게 가슴에 스민다.

첫사랑 나를 웃게 만든다

아름다운 시처럼 다가온 그대는
한 움큼의 행복과 웃음
한 잔에 담아서 너에게도 나에게도
살며시 전하는 삶 속에는

나처럼 너처럼 인생을 살아가는
이유가 되어 기억하고
삶이 지칠 때 반짝반짝 빛나는 시간은

삶의 시작점에서
너에게 선물한 세상 이야기들이
때로는 나를 웃게 만든다.

시시콜콜한 이야기

기억하기 싫은 사건과 사고들
상처 앞에서 잠들지 못한 시간
삶을 발견한 가치관 최근 들어 내일이 기다리고

톱질하는 세상사 녹록지 않고
나를 부르는 바람은 농기구 인생 호미와 삽을 들고
경험 없는 어떤 농부의 손에 들려
들로 산으로 파고들었다

상상 속에서 피어나는 공상 과학 만화책 현실이 되어가고
기계가 밥을 짓고, 빨래하고, 청소하고
맹물로 가는 자동차

도시의 먼 훗날 한가운데 멀티의 기능들
냉동인간도 해동하면 다시 살아나는
흘러가지만 나 홀로 디지털 시대 시시콜콜한 이야기.

어머니

새벽의 신선한 맑은 공기 마시며
하늘에 고한 그대의 마지막 인사
달콤한 약속을 하고
무지개 꿈을 만들어 놓고 떠나간 그녀의 꽃길

사랑만 남겨두고 간 그 사람 하얀 눈비가 되어
내가 누구였는지도 모를 어느 잊힌 세월 속에
이름 석 자 짙은 눈썹 하얀 얼굴
가끔 화장을 고치는 평범한 여인의 절절한 사연

사랑을 잃어버린 공작새의 하얀 깃털
삼십 촉 백열등 아래 놓아 버린 꿈같았던 원칙
날카로운 가시를 숨긴 짝사랑의 향기를 내려놓고
먼지처럼 연기처럼 사라지는
너를 안고 흉내만 내고 살아낸 서툰 삶

해 질 녘에 잃어버린 어제와 새로운 오늘은
또 새로운 내일을 준비하러 가고 있는
나를 보듬어 안아주는 희망이다.

제목 : 어머니
시낭송 : 박영애
스마트폰으로 QR 코드를 스캔하면
시낭송을 감상할 수 있습니다

세월

희끄무레 낮은 동산에 쉬엄쉬엄 오시는가
사랑을 담고 사연을 담고 세상에 내딛는 발길
시심에 담은 인생은 무슨 색일까?

인생 가치와 가치를 찾는 마주 잡은 손
그 무엇을 찾으러 헤매고 있는 자의 반 타의 반 인생

끝난 것 같지만 끝나지 않은 다가올 미래의 주인으로
살아가야 하는 삶의 현장 이야기
오가는 구경꾼들 사잇길에 즐기는 시간만큼
아픔도 있었지만 설레게 하던 두 마음

마음을 담은 매직 숍은 보일 듯 말 듯
알록달록 무지개 속 흑백의 파노라마처럼 뇌리를 스치고
지나간 흔적이 남아서 꺼진 불을 지피고 있었다

그대와 나 아름다운 기억이 산을 넘고
추억이 그 세월의 강을 건너서
익숙한 나를 발견해 보잘것없는 삶
증명할 수 없는 지나간 시간 바라보며
지나간 것은 무효란다.

편지

보낼 수 없는 편지를 그대에게 씁니다
호반새가 아침을 깨우는 숲길에
아무도 모르게 그대에게 안부를 전합니다

편견 없이 내어 주고 조건 없이 다듬어 주고
보듬어 주던 그 사람
미소로 알려 주고 도와주던 그 사람
왜 이리도 보고 싶은지 그립습니다

그렇게 행복하게 웃던 그 사람이
바람이 불어와도 꽃이 피어도 생각이 납니다
지금, 이 순간 그 사람은 어디서 내 생각할까요

가끔 보고 싶은 그 사람
문득문득 생각나는 그 사람
행복해도 보고 싶고 쓸쓸해도 보고 싶은 그 사람

사랑했던 그 사람의 흐릿한 기억을
한 자 한 자 빈칸에 채워 갑니다.

제목 : 편지
시낭송 : 박영애
스마트폰으로 QR 코드를 스캔하면
시낭송을 감상할 수 있습니다

살포시 물 위에 어른다

무더운 긴 여름밤
안개 속으로 밀려드는 달빛에
애절한 사랑가는 흐르고 흘러
양평에서 멈춘다

거친 숨소리에 욕망의 날갯짓
그대 사랑했던 기억들을 안고 흘러
살포시 물 위에 앉는다

경중경중 뛰어다니는 빗방울
조용히 내려앉는 빗방울
돌 틈 사이 침입자가 되어
어화둥둥 떠다니는 소금쟁이
추억 속으로 달려간다

어차피 홀로 가는 인생인 것을
비가 오는 날
진자리 마른자리 내 세상이다

연꽃잎에 사랑비가 내린다.

곰삭은 삶의 여백

살다 보면 알게 될 것을
잠시 잠깐 쉬었다가 가는 인생
사랑도 눈물도 이별도 비우지 못한 삶
기댈 곳조차 없어 마음을 닫은 채

숱한 풍파에 버거웠던 시간
아무 말도 못한 통과 의례 만날 때마다 애가 타
뜻대로 되지 않았던 현실

세상만사 내려놓지 못한
종이호랑이의 울고 웃는 세상사가
그 자리에 머물지만
무한도전 별에서 피워낸 삶의 향기가
자연스레 다가와 두 손 꼭 잡고 방긋

치마폭에 겹겹이 감추어 놓은 속살
짓궂은 높새바람 젖은 눈빛에 매듭이 풀려나도
자존심을 발가벗겨 곰삭은 삶의 여백.

제목 : 곰삭은 삶의 여백
스마트폰으로 QR 코드를 스캔하면
시노래를 감상할 수 있습니다

산다는 건

화사한 봄볕 가득한 이 거리에
아름다운 시처럼 우아하게
백만 송이 꽃처럼 화려하게 나를 피우고 싶었다

단비가 촉촉하게 내리는 날에는 우산을 받쳐 들고
꽃으로 피어 아무런 말 없이
나를 만들고 싶었다

한적한 시골 아낙네 가슴속에 피어난 한 송이 꽃
멈추지 않는 시간의 회오리바람
번뜩이는 시선들 모두 생각이 다르고 정답도 없는 듯

시간 밖의 나를 바꾸고 버리라 하는데
오늘의 페이지는 이대로 괜찮아
토닥토닥 잘했어.

제목 : 산다는 건
시낭송 : 박영애
스마트폰으로 QR 코드를 스캔하면
시낭송을 감상할 수 있습니다

날개를 달고 날아봐

인생 역전
인생 1막 2장 문을 활짝 열어젖히고
푸른 하늘을 백조가 되어 날아오른다

바람처럼 파도처럼 잡으려 하면 스쳐 가고
붙잡으면 날아가는 십 대 이십 대 꿈과 야망이
뜻대로 되지 않았던 꿈과 야망의 열매

가버린 시간이 헛되고 헛되다 할 수 있을까
솔향기 온몸을 적시고
하늘로 날아오른 오만함

감정의 열매 삭풍이 옷깃을 여미는 빈 들에서
세월을 비껴가는 황혼에 마주한 노을길
날개를 달고 늙어 가리라.

사랑의 열매

가을걷이 한창인 황금벌판에
코스모스가 아름다운 이 계절
현이랑 소희가 가족이 되었다

첫인상은 천사의 모습으로
검은 눈동자 입가에 그윽한 미소
행복한 모습으로 내게 왔다

하얀 드레스의 신부와 멋진 턱시도 새신랑
알콩달콩 속에서 열어본 보석상자
반짝이는 두 개의 빛나는 보석들이
너의 곁에 있으니 보기만 해도 행복하다

두 아이의 아비와 어미가 되어
눈이 부시게 하얀 피부에
꼬물꼬물 꼬마의 미소가 어찌나 행복했던지
나를 참 설레게 한다.

제목 : 사랑의 열매
시낭송 : 박영애
스마트폰으로 QR 코드를 스캔하면
시낭송을 감상할 수 있습니다

똑.똑똑

매력적인 사랑의 붉은 장미도
추억을 일깨우는 노란 장미도
가시가 돋친 채 그늘은 있더라

밝은 모습 속에 그늘을 안고 살지만
어제도 오늘도 활짝 웃으며
머금은 향기에 취해 가만히 바라본다

장미에 취해 바라보니
문밖에서 첫사랑이 날 부른 듯
바람보다 내 마음이 앞서서 달려간다

세상에 쫓기듯 살아 온 삶
불현듯 장미에 취해 첫사랑을 떠올린 지금
똑.똑똑 다시 한번 사랑에 빠져 보고 싶다.

술잔에 별빛이 내린다

별빛에 살포시 내미는 얼굴
작은 돌에도 부딪치며
삶으로 나아가기 위한 온 마음
큰 바위에 부딪치는 긁힌 상처
그냥 부둥켜안고 간다

가슴에 묻어둔 별들 고향은 머나먼 남쪽
하늘로 가는 자신의 선택
멀어지는 잿빛 하늘
아랫소리 없이 내리는 비

고단한 삶 시간 속에 헤어져야 하는
마지막 모습으로 다가오는 먹구름 끄물끄물하더니
추적추적 초록 머리 위에 부대끼며 비가 내린다

맨얼굴에 우산도 없이 걷던 신작로 거리에
흐르는 흙탕물 속에 외면하고 벅적거리는 상술에
갈 곳을 잃어버린 발길 멍하니 서 있다.

바닷가에서

잔잔한 음악이 흐르는 바닷속의 파도를 따라
숨결을 고르고 있는 바닷가에
수염고래를 잡으러 떠난다

빈 바닷가에 그리움만 두고
떠나가는 소라껍데기
세상사 굽어보는 갈매기
바람에 쪼개지는 그리움 어찌하나

매서운 바람이 파도를 안고 지키지 못한 약속
검은 모래밭에 다소곳한 너울 파도 밀려드는 제주의 밤바다
칠흑 같은 밤 파도 소리는

저 멀리에 깜빡이는 등대 불빛도
파도가 밀어내는 고기잡이배 뱃고동 소리도
두근거리는 마음이 낯설어지는 건 왜일까?

제목 : 바닷가에서
시낭송 : 박영애
스마트폰으로 QR 코드를 스캔하면
시낭송을 감상할 수 있습니다

새로운 선택

꿈 다시 꾸어 봐도 될까?
부풀어 오르는 야심
여기가 끝은 아닌 거 같다

인생은 나그네인 것 같은 날들
사연은 간데없이 쌓인 잡초더미 같아
삶이 애잔하다

가슴속에 머물다가 하늘로 날아간 꿈에
손을 내밀어 붙잡고 있다
내 심장이 뛴다

살아있는 자의 삶에 숨바꼭질하였을까
짙은 안개가 시야를 가리고 있는
삶의 고리는 초라한 인생 여로 같다

책갈피에 숨겨 둔 뜨거운 열정이
뜨거운 태양 아래 달궈진 향기가 퍼진다
작지만, 거대한 변화와 존중 앞에서 답을 구한다.

못 하나 뽑는 일

햇살에 쏟아지는 숲길에
믿음이 깨어지고 얻은 깊은 상처
파란 바람 푸른색을 더하기 하는 날
우리네 삶이 돌고 돌다 보면서
지금 너처럼 인생을 논했을까

살아가는 동안 달콤한 시간
다시 볼 수 없는 이별의 예감
빨간 석양이 나를 안아주곤 했던
창 넓은 고향집에
가난한 농부의 가슴을 녹여내는 나를 닮는다

작은 바람에 손에 잡힐 것 같은 바람
추억의 밤이 길어져 가고 못 하나 뽑는 일이
꿈에 그리던 추억 하나
오래오래 기억되었으면 좋을 텐데

강하게 침투한 푸른곰팡이 핀 추억을
오랜만에 소환해도 익숙지 않은 나의 일상이지만
봄날 아지랑이 따라
폴짝거리는 청개구리 동선 봄꽃으로 피어난다.

철학에 노크한다

눈을 뜨면 같은 자리
다른 모습으로 눈보라가 스치며 지나간 자리
겨울이면 하얗던 솔가지에 맺혀 있는 눈송이
꽁꽁 언 호수 위를 맴도는 철학에 노크한다

그리움 안은 해님은 어디로 갔을지
눈보라를 당당하게 이겨낸 하얀 겨울
봄을 알리는 봄비에 섬섬옥수 자락에 스민다

못다 핀 꽃 한 송이 양지바른 솔밭길에
하얀 면사포 쓰고 있는 노란복수초 꽃 사이로
작은 옹달샘이 담담하게 흐르고
물안개가 휘젓는 산들바람

손끝에서는 춤추는 점 하나
화사하게 웃고 있는 패랭이꽃
불타오르는 서울 도시의
한복판 넘치는 따듯한 온기로
새들도 날개를 접은 도시를 품어 안는다.

가시버시

서울살이 청계천 천변 혹독한 추위에 허기진
등짝을 끌어안고 누런 봉투에 쌀 한 홉 연탄 한 장
꼰 새끼줄에 연탄 한 장 사다가 시래기죽을 끓인다

유난히도 키가 큰 아이 성장통 배고픈 시절
시래기 우거지에 쌀과 물을 넣고
푹 끓인 구수한 우거지 죽이 아홉 식구 양식이다

다른 집 계집아이들은 목도리와 손모아장갑 챙기는 겨울
11살 계집아이는 헤아릴 수 없는 시간
치열한 경쟁이 삶이라는 걸 알게 되었다

오뚜기와 같이 살아낸 삶 새털 같은 시간
울다가 웃다가 알몸으로 쏟아낸 열매
바람이 멈추면 쉬어가는 인생 서로의 상처를 어른다

그래도 외로울 땐 바람 타는 꽃길을 걸으면서
가장 멋스러운 시간 가는 길 묻지 않고
아픈 속내를 멀리멀리 날려버린다.

소박했던 나의 꿈

어제와 오늘 중년의 향기 속에서
태워버린 불꽃 온몸에 퍼지고
애간장 녹아내리도록 아파했던 지난날 뒤로하고
오늘의 나는 꿈을 채웁니다

치열한 삶의 경쟁 속에서 흘려보낸
학업의 갈증을 채우는 새바람이 불어와
21세기의 주인으로
소박했던 나의 꿈에 꽃이 핍니다

사제지간으로 이어진 인연
신안산대학교에서 나비가 되어 날개를 활짝 펴고
하늘 높이 날아오르렵니다

새로운 내일을 준비하는 나의 삶이
꽃처럼 시처럼 아름답게 펼쳐지길
가슴 설레며 행복의 시간으로 물들입니다.

상처를 어른다

오후의 햇살이 드리는 느티나무 아래
주저앉아 상처를 어른다
추억이 남기고 간 시간
나의 전부였다고 믿었다

변치 않는 너와 나의
경계선에서 불어대는 풀 파도
그대 풀피리 소리가 들리지 않는가

가는 길을 잃었었다고 말하지 말고
운명 같이 만난 인연
꽃 찾아 연한 속살 비비는 꽃길에
바람처럼 부딪치는 숙제

바람에 서성이는 계절도 알고
마음의 끈을 눈으로 볼 수 없는
거기까지 못 이기는 척 다시 돌아봐
노을을 삼키는 하늘 끝까지
한 줄 길게 늘어가는 빛을 향한 믿음이
여백을 채운다.

웃음 한 스푼

벌거숭이로 세상에 나와 고고하고 우아한 자태
목석같은 그대가 새롭게 준비하는 새로운 내일

살만하다고 생각을 공유하고 있다는 믿음이
그리움이 돌아오면 미칠 것 같았던
애절한 삶이라는 걸 깨달았다

오랜 시간 오랜 기다림 속에 부둥켜안고
넘어지고 깨어진 자리
먼 길을 돌고 돌아 온 웃음 한 스푼

함께 하자고 약속한 동반자가 되어
아지랑이 친구가 되어 준 봄까치
상처뿐인 그대가 꽃을 피웁니다

실천하기는 어렵지만
흩어진 향기에 취해 마음 담기지 않은
시간의 주름 굽이굽이 살아온 나를 만나러 가는 길.

수인선 열차

이어폰 음악을 들으면서
자연스럽게 플랫폼 안으로 스며들어
수인선 전동차에 몸을 싣는다

창가에 비춘 실루엣
아픈 걸음을 숨기고
노약자석으로 착석한다

성에 낀 유리창에 차창 밖의 모습을 보고파
호호 불어 문지른 차창 밖의 하얀 겨울
하얀 눈을 비껴가면서 철길 위를 달리는 전동차

각양각색의 광고판이 차지하고 있는
빌딩 숲 배웅하고
하얀 이불 한 채 요 한 채 덮고 있는 소나무

목화송이처럼 백설이 만발한 안산 초지역을
누군가 걸어갔을 발자국 따라
드넓은 시야에 하얀 눈 뽀드득 발자국을 찍으며 걷는다.

시간을 마중하는 하얀 목련

목련 꽃이 기지개를 켜고 있는 뜨락에
아지랑이가 봄 까치를 데려온다

새침한 봄 까치 함박웃음이 수줍은 부끄러운 미소
서열에 따라 잘난이 못난이 어우러진
봄날 아지랑이 눈 비비는 봄바람에 흔들리는 꽃잎

때를 기다려 꽃 피는 시간을 마중하는 목련꽃
아찔한 사랑을 남기고 간 봄날 감정이
천차만별 다르게 살아낸 우리들의 삶의 모습

다가온 태양 빛에 새근새근 나비잠을 자는
산나리꽃 행복한 날갯짓에 날아온
새색시 같은 하얀 나비
그 고마운 향기에 취해 넋을 잃은 햇살!

사랑은 연극으로 막을 내린다

황혼에 춤추는 봄날
봄을 담아서 우정에게 편지를 띄운다

젊어서 어긋나는 현실에
한없이 쪼그라드는 마음으로
삶의 모퉁이를 돌아서면
제비꽃이 봄을 부른다

한잎 두잎 떨어지는 노란 꽃잎
아무도 오지 않는 걸음에
슬픈 눈동자 가슴만 적시고 사라져
두근거리는 마음이 애달프다

푸른 달빛 아래 비친 당신의 모습
아련한 그리움만 가득
관중 없는 무대에서 준비한 사랑은
연극으로 막을 내린다

밖으로 향해있던 시선을 안으로 돌리고
아무것도 묻지 않고 말없이
오늘도 따듯한 눈빛으로 바라만 본다.

꿈 다시 꾸어봐도 될까

전경자 제3시집

2025년 9월 17일 초판 1쇄
2025년 9월 19일 발행
지 은 이 : 전경자
펴 낸 이 : 김락호
디자인 편집 : 이은희
기 획 : 시사랑음악사랑
연 락 처 : 1899-1341
홈페이지 주소 : www.poemmusic.net
E-Mail : poemarts@hanmail.net

정가 : 10,000원
ISBN : 979-11-6284-610-0

저작권자와 맺은 특약에 따라 검인은 생략합니다.
잘못된 책은 교환해 드립니다.

이 책은 한국예술인복지재단의 창작지원금 선정으로 발간한 책입니다.